文明基因

孝 诚 爱

林建宁 编著

六年级

山东教育出版社

目录

家庭美德·孝德

知恩篇：难忘父母养育恩

感恩篇：爱要大声说出口

报恩篇：做最美孝心人

学业道德·诚德

诚实学习篇：诚实学习让心灵无瑕

重诺守信篇：诚是连心桥

家庭美德·孝德

引言

老吾老，以及人之老；

幼吾幼，以及人之幼。

天下可运于掌。

《诗》云："刑于寡妻，至于兄弟，以御于家邦。"

言举斯心，加诸彼而已！

——《孟子·梁惠王上》

解释：

　　尊敬自己的父兄长辈，从而推广到尊敬别人的父兄长辈；爱护自己的子弟晚辈，从而推广到爱护别人的子弟晚辈。那么，整个天下就会像在自己的手掌里运转一样容易治理了。《诗经》说："先给自己的妻子做榜样，再推广到兄弟身上，再推广到治理国家。"就是说要把自己的仁心施加到其他人身上去。

一声妈妈，儿多深情

过目难忘

2002年2月，在奥地利的医院里，当女儿罗莎琳醒来时，才知道母亲索菲亚不幸去世了，医生告诉罗莎琳，是妈妈用鲜血救了她的命。

妈妈带着罗莎琳，利用假日去阿尔卑斯山滑雪时迷了路，她们大声呼救，没想到呼救声引起了雪崩，结果母女俩被埋在雪中。她们拼命爬出厚厚的雪堆，挽着手在雪地里漫无目的地寻找回归的路。寒冷、

饥饿、恐惧，使她们的体能消耗到极限。突然，索菲娅看见了救援的直升机，但由于母女俩穿的都是与雪的颜色相近的银灰色羽绒服，救援人员并没有发现她们。为使救援人员发现女儿，母亲索菲娅用岩石片割断自己的动脉，在血迹中爬出十几米的距离。正是那道长长的鲜红的血迹引起了救援人员的注意，从而使女儿得救，母亲却再也没有醒来。

心中有数

2011年，《每日邮报》报道了英国的一组调查数据，数据显示每位妈妈平均一生会花费27250小时做家务。也就是说，妈妈们一生中至少有1135天是贡献给家庭的。

在这份报告中，研究人员发现妈妈们花在买菜上的时间最多，大约有4155小时。做饭所花的时间排在第二，大约有3603小时。妈妈们花在清扫和收拾屋子上的时间大约有2620小时，花在洗衣服上的时间大约有2442小时。此外送孩子上学的时间大约有1740小时，而送孩子参加课外活动的时间大约有1301小时。

学而习之

1. 据悉，上述调查是由英国一个在线购物网站发起的。调查人员一共走访2000位母亲以及她们的家庭，其中只有2/5的妈妈表示家人会帮助她们做家务。算一下，做家务时得不到家人帮助的妈妈有多少位？

2. 假设妈妈做一次早饭需要20分钟，从你出生到现在，妈妈为家人做早饭用了多少时间？找一个休息日的早上，为妈妈做一次早饭，体会妈妈的辛苦。

融会贯通

母亲的"快点"和"慢点"

从记事起，每次吃饭时，母亲总是催促："快点吃，不然饭凉了！"我刚加快速度时，母亲又说："慢点，别噎着了！"

上小学了，每次上学时母亲总是说："快点，上学别迟到了，到学校好好学习，放学早点回来！"我点点头，刚往学校的方向跑几步，母亲的话又在身后响起："慢点，别摔跤了！"

上师范学校离家时，母亲督促我："快点，不然坐不上车了！"我刚着急地上路，母亲的声音又在耳边响起："慢点，把鞋带系好，路上带好你的行李和钱！"

工作了，我当了老师，每次去学校时，母亲的嘱咐依然响在耳边："快点，学生可在等着你呀！"我要出门时，母亲又会说："慢点，到学校要认真工作，和同事好好相处，待学生要像对自己的亲弟妹一样！"

多年后，我也成了母亲，发现自己也学会了母亲的"快点"和"慢点"。

慢点，慢点。

为我成才，父母为梯

过目难忘

当前，供养孩子学习、生活已经成为大多数家庭最大、最重要的支出。

养大一个孩子，父母要花多少钱？可能很少有人会记账并计算这笔巨额的花销。

最近网上公布的"中国十大城市生养成本排行榜"显示：北京以276万元的生养成本荣登首位，青岛以150万排名第八，如果家庭年收入12万元的话，青岛的爹妈要不吃不喝工作13年。

对于这份排行榜，网友感慨"孩子才是最贵的奢侈品"。

心中有数

《理财周刊》杂志报道，依据2009年的消费水平计算，我们从幼儿园到高中毕业的花销为：幼儿园，约8万元；小学，约8万元；初中，约8万元；高中，约9万元。

学而习之

1. 据国家统计局数据，2015年我国城镇居民人均可支配收入为31195元，农村居民人均可支配收入为11422元。结合自己的实际情况，算一算，你每年在学习方面的花销占你所在的地区（城镇或农村）年人均收入的百分之多少？

2. 大致算一下你一年的总支出是多少钱，然后看看，你个人的支出占了父母收入的百分之多少？

融会贯通

钢琴家是怎样"炼"成的

钢琴家郎朗的父亲郎国任，发现儿子弹钢琴很有天赋，为把儿子培养成钢琴家，他毅然决定辞掉公职，带儿子上北京报考中央音乐学院附小。

　　儿子入学后，郎国任买了辆旧自行车，接送儿子上学放学。早上到校后，儿子在教室内上课，他猫在教室外的窗下听老师讲课，不时拿出纸笔记一下，以便回家后指导儿子。无论酷暑严寒，天天如此，儿子读了六年书，他在窗下执着地猫了六冬六夏。他常被学校的人赶走，但每一次，他兜一圈又回来接着听。

　　功夫不负有心人。郎朗琴技大幅长进，他十一岁时，郎国任自筹资金五万元，为儿子报名参加德国第四届国际青少年钢琴家比赛。此次比赛，郎朗不仅得了一等奖，还获得杰出艺术成就奖。

　　如今，郎朗在世界各地频繁演出、比赛，成了世界各地音乐厅耀眼的明星。

教我做人，用心良苦

过目难忘

"童话大王"郑渊洁说，自己坚持写作是为了让父亲高兴。父亲为自己做了很多，自己一定要用孝心回报父亲。

1986年，郑渊洁买了一台当时很难买到的直角平面电视，带着儿子将彩电拉到了父亲家。儿子不解，郑渊洁解释说，爷爷年纪大了，咱们将来还有看"原子弹电视"（更高级的电视）的机会。

过了几天，他去市场买了对虾，为了让儿子多吃点，就说自己吃虾过敏。儿子说："老爸，你吃吧，我将来有吃'原子弹虾'的机会！"

心中有数

一报社记者在父亲节当天向某高校学生发放调查问卷。

调查结果显示，30%的学生认为父亲的一言一行影响着自己的成长，甚至认为自己就是父亲的翻版；50%的学生认为父亲的形象、爱好和兴趣对自己的影响比较大。60%的学生认为父亲对自己最大的影响是坚强的性格；更有一些学生认为，父亲对于工作的勤恳努力和积极向上，已经成为自己进取的榜样。

学而习之

1. 分享、交流父母孝敬长辈的事例，并谈谈你的感想。

2. 下面这些事情，你做到了吗？

（1）帮父母捶背，陪父母上街买菜、买东西。

（2）用自己攒的零用钱为父母买一件礼物。

（3）不任性，多体谅父母的辛苦，并说几句贴心话。

（4）自己的事情自己做，不给父母添麻烦。

……

融会贯通

岳母刺字

我国宋朝时期，北方的金人入侵，宋朝当权者腐败无能，节节败退，国家处在生死存亡的关头。岳飞投军，不久因父亲病丧，还乡守孝。

1126年，金兵又大举入侵中原，母亲姚氏把岳飞叫到跟前，说："现在国难当头，你有什么打算？""到前线杀敌，精忠报国！"岳飞毫不犹豫地回答道。"好！我要把'精忠报国'这四个字刺到你的背上，让你永远铭记在心。"岳飞马上解开上衣，露出瘦瘦的脊背，请母亲下针。母亲问道："孩子，针刺是很痛的，你怕吗？"岳飞说："连刺针都怕，怎么去前线打仗！"母亲深深地点了点头。她先在岳飞背上写上字，然后用绣花针刺了起来。一针下去，鲜血便流了出来，四个字没刺完，汗水和血迹已浸透了岳飞的全身。刺完之后，母亲又涂上醋墨，从此"精忠报国"四个字永远留在了岳飞的后背上。

岳飞不负母望，英勇杀敌，精忠报国，成为著名的抗金英雄，受历代人民敬仰。"岳母刺字"的佳话流传千古。

请告诉父母：我爱你！

过目难忘

　　某小学四年级五班曾做过这样一次实验：老师让学生回家后，面对父母大声说"爸爸妈妈，我爱你"！

　　第二天，老师让学生们写一下这项作业的完成情况。有的学生写道，回家面对父母时，"我爱你"三个字怎么也说不出口；有的学生写道，自己鼓起勇气说出来后，爸爸妈妈的反应愕然；有的学生写道，当自己说出"我爱你"后，父母相对一笑，反应平静；有的学生写道，当自己面对父母大声说出"我爱你"时，父母表情激动，与自己热烈拥抱，回应道"孩子，我们也爱你"，学生感到非常幸福。

心中有数

　　麦肯世界集团对29个国家共30000人的调查显示,智利人每周说"我爱你"的频率最高,达32次;其次是哥伦比亚人,每周说27次;然后是阿根廷人、墨西哥人和南非人。菲律宾人每周说"我爱你"达17次,排在前十位。

　　2014年《中国日报》对我国各个群体的民众进行了采访,近八成的受访者想对爸爸妈妈说一句"我爱你",却终究"爱你在心口难开"。

　　调查显示:善于表达内心爱意的人,往往生活浪漫而幸福。

学而习之

　　1. 制订一个计划,每天跟父母聊天,帮父母做力所能及的小事,如扫地、洗碗,陪父母散步,加强与父母的沟通,在和谐的氛围中,大声说出"我爱你"。

　　2. 以"我爱你"为题,写一篇声情并茂的文章,表达自己真实的情感。

融会贯通

请大声说出"妈妈，我爱你"

母亲是我最敬重的人，但直至老人家临终我都没有当面说一句"妈妈，我爱你"！不是不想说，而是一直没有说出口。现在妈妈已经离开了这个世界，永远听不到了，这成为我一生的痛。看见外国人搂着父母说"爸爸妈妈，我爱你们"时，我心中感慨万分。

从母亲离开那一刻起，我就决心不能让我的悲剧在女儿身上重演。女儿在外地工作，一年也见不了几次面。每当我与女儿视频聊天结束时，我会深情地说上一句："闺女，妈妈爱你！"此时，闺女也自然而深情地说："妈妈，我也很爱你！"这一幕在有些人看来肉麻，却使我们母女的心贴得更紧了。

是啊，爱是阳光，需要播撒，需要表达。孩子们，把你们的甜言蜜语，真诚地传达给爱你们的人。请大声说出"妈妈，我爱你"！

拒绝攀比，崇尚朴素

过目难忘

据媒体报道，不知何时，攀比之风，竟在初中生中蔓延。

服装要穿耐克、阿迪达斯、探路者，而且得是新款；

电子产品要用iPhone、iPad、"外星人"笔记本电脑，非名牌不用；

生日宴一桌上千元，要去高档酒店……

盲目攀比，不仅使家长苦不堪言，而且败坏了学风、校风，扭曲了孩子幼小的心灵。

心中有数

　　某报社调查显示：61.5%的学生看到同学举办豪华生日宴、玩昂贵玩具、穿名贵服装，表示特别羡慕；29%的学生认为这是一种浪费；52%的家长对孩子的攀比现象进行过教育；33%的家长认为只要孩子学习刻苦、学业优秀，就应该满足物质上的要求。

学而习之

　　1. 有的学生认为，爸爸妈妈有的是钱，我想怎么花就怎么花。你是否认同这种说法？请谈谈你的看法。

　　2. 你每个月的零花钱大约是（　　　）元，

　　这笔钱主要用于＿＿＿＿＿＿＿＿＿＿＿＿＿＿＿＿＿＿＿＿＿

　　你认为自己对零花钱的安排是否合理？请你谈一谈学生应如何合理支配零花钱。

　　3. 结合自己的家庭经济状况，算一算：如果为你买一款价值5000元的手机，父母需要工作多长时间？

融会贯通

朴实的德国人

日耳曼民族为人朴实，崇尚节俭。做客时一般带的礼物很简单：一瓶酒、一盒巧克力、一本书或者一束花……价值从几欧元到几十欧元不等，很少有人因为你带的礼物少而另眼相看。

虽然也有少数德国人讲时尚，追名牌，但从总体上看，德国人的消费比较个性化，攀比之风不浓。在德国的大街上，你很少能看到穿奢侈品牌服装、背昂贵皮包、戴贵重手表的人。

德国人在日常生活中非常注意节俭，同时具有乐善好施的传统。很多人举办生日聚会时，明确要求来宾不要带礼物，但可以把买礼物的钱投进募捐箱，转给慈善机构用于慈善事业。

"陪伴"是最好的感恩

过目难忘

何红涛，一名普通的工人。为实现父亲旅游的心愿，6年中，他每逢假期就带父亲出去旅游。因父亲晕车，他专门改装了一辆摩托车当交通工具，带着父亲行驶十几万公里，游览了陕西、山西、河北等多个省的名胜古迹。

路上，何红涛细心照料父亲，父亲不仅没有淋过雨、中过暑，甚至连普通的感冒都没有得过。父亲房间的墙上，贴满了旅游纪念照片。谈到随儿子外出旅游的情景，他的脸上洋溢着自豪和满足。

"父亲年龄大了，种一辈子地不容易，趁着还能走动，出去转转看看。尽孝要趁早，不能留下遗憾！"何红涛说。

心中有数

　　某机构发布的"十年亲情账单"做了一项估算，若以2014年受访者陪伴父母的时间为标准，超过43%的人这辈子与父母相处的时间最多还剩5年！

　　调查显示，71%的受访者每次与父母聊天的时长都在半小时以内，愿意和父母聊1个小时以上的人只有10%左右。超2/3的受访者认为父母需要不同程度的陪伴，近76%的受访者表示"常回家看看"写进《老年人权益保障法》是有必要的。

学而习之

　　1. 假如你22岁（父母50岁）到外地工作，一年内只能回家7天，在父母80岁之前，你大约能陪伴他们多少天？除去朋友聚会、睡觉等时间，真正陪在父母身边大约多少天？

　　2. 林伯伯生病住院了，在城里工作的儿子和女儿闻讯匆匆赶到医院。儿子说："爸，我太忙，给你留下一千元钱，还是请个护工吧！"女儿看着床上虚弱的父亲，打电话向单位请了假，默默地为父亲擦身、喂水、送饭，照顾得无微不至。

　　对林伯伯儿子和女儿的做法，你怎么看？

融会贯通

子欲养而亲不待

他10岁时，父亲不幸病逝。他告诉自己：要用功读书，将来多挣钱，让妈妈过上好日子。

他20岁时，独闯天下。他告诉自己：等生活安定下来再回来接妈妈，让她过上好日子。

他25岁时，在一家外资企业供职。他告诉自己：我要攒够钱买一套大房子，接妈妈来住，让妈妈过上好日子。

他30岁时，住上了大房子，又被派往美国学习，期满后留在了美国工作。他告诉自己：我要做出一番更大的事业，接妈妈来国外生活，让妈妈过上好日子。

他35岁时，事业发展得很好，但一直没有和妈妈住在一起。一天，他接到了越洋电话——母亲因脑溢血突然去世。

他悲痛欲绝，泪水簌簌地流淌，"让妈妈过上好日子"成了他永远不能兑现的诺言。

自立从分担家务开始

过目难忘

于果的学习成绩一直很优异。

为了让他好好学习，肚子饿了，妈妈把饭端到他的手里；衣服脏了，爸爸妈妈洗得干干净净；甚至连笔记本用没了，也是爸爸妈妈去给他买。高中毕业时，于果连自己的袜子都未曾洗过。

高中毕业，于果顺利地考取了北京某名牌大学。大学生活刚开始，他就遇到了困难：不会买饭，不会洗衣，经常找不到上课的教室，也不知道如何和同学相处。虽然好心的同学不断地帮助他，但他怎么也适应不了大学的独立生活。半年之后，他只好提出了休学申请。

心中有数

某机构对一座海滨城市的小学生进行了抽样调查，结果显示：五年级以下，78%的学生一般不干家务活，16%的学生偶尔干点家务活，6%的学生经常干家务活。98%的学生表示没有帮父母洗过菜，69%的学生表示自己的床铺都是由父母整理，54%的学生表示自己的袜子是由父母洗，82%的学生表示没有擦过地板，87%的学生表示不喜欢干家务活。

相关研究表明，童年劳动得分高的孩子比不劳动的孩子，成年后交友广阔的可能性高出10倍，获得高薪的可能性大4倍，失业的可能性小90%。

学而习之

六年级一班开展了为期一周的"孝敬父母，帮做家务"活动，根据学生帮家长做家务的时间来评价学生在活动中的表现，把结果划分成5个等级。下表为学生帮父母做家务时间、人数分布表：

等级	帮父母做家务时间（小时）	人数
A	$2.5 \leq t < 3$	2
B	$2 \leq t < 2.5$	10
C	$1.5 \leq t < 2$	20
D	$1 \leq t < 1.5$	15
E	$0.5 \leq t < 1$	3

请问：

1. 每周帮父母做家务超过1.5小时（包括1.5小时）的人数占班级总人数的比例是多少？

2. 你每周帮父母做家务的时间是多少？

3. 这次活动给了你怎样的触动？今后你打算怎么做？

融会贯通

德国法律规定孩子要做家务

工作关系，我经常去欧洲，到德国访问尤其多，一直觉得德国的孩子懂事早。

一次，我们到翻译普雷斯家中做客，他的两个孩子很有礼貌，跟我们见过面后，即在院子里浇花、除草。我们称赞普雷斯教子有方。普雷斯解释道，两个孩子做家务并不是家长要求的，而是国家法律规定的。

原来，德国法律规定：孩子在6岁之前不必做家务；6—10岁，偶尔要帮助父母洗碗、扫地、买东西；10—14岁，要剪草坪、洗碗、扫地及给全家人擦鞋；14—16岁，要洗汽车、整理花园；16—18岁，如果父母上班，要每周给家里大扫除一次。对于不愿意做家务的孩子，父母有权向法院申诉，以求法院督促孩子履行义务。

　　普雷斯接着说："这样的规定，完全是为了孩子好。小时候不劳动，长大了就有可能做寄生虫。"

　　德国的法律管得真细啊，家规与法规紧密相连！

妈妈，我长大了

过目难忘

2014年7月，安徽省宿州市一个偏僻的山村传来了喜讯，该村的张晓刚高考成绩优异，被中国科技大学录取，成为全村几十年来第一个考入重点大学的孩子。村里人纷纷到晓刚家祝贺，大家都夸他从小就懂事，将来一定会有出息。

村民们回忆道，晓刚从小失去父亲，与母亲相依为命。上小学时，母亲送晓刚去上学，帮他背书包时，他一本正经地跟妈妈说："妈妈，我长大了，书包自己背。"上初中时，母亲为他洗衣服，他认真地对妈妈说："妈妈，我长大了，今后我的衣服自己洗。"高中毕业时，晓刚回到家里，拿出三百元交给妈妈。妈妈问他："你不挣钱，钱从哪里来的？"他笑着告诉妈妈："这是三年中，我从您给我的伙食费中省下来的。"

心中有数

中国青少年研究中心对全国6个省7200名中小学生进行调查，发现82.7%的抽样留守儿童经常或有时做家务，如洗碗、打扫卫生，50.8%的留守儿童自己洗衣做饭，还有近30%的留守儿童需要照顾弟妹，13.1%的留守儿童需要照顾长辈。

中国青少年研究中心副研究员张旭东说，留守儿童干家务是比较普遍的现象。

学而习之

1. 计算血压的单位一般是毫米汞柱（mmHg）。正常的血压范围是收缩压在（　　）—（　　）mmHg之间，舒张压在（　　）—（　　）mmHg之间。正常的血压是血液循环流动的前提，过高或过低的血压都会造成严重后果。

2. 你的父母每年都进行体检吗？他们最近一段时间的血压分别是多少？你还知道他们的哪些体检指标？这些数值哪些超出了正常范围？

3. 观察父母有哪些不利于身心健康的生活习惯，向父母提出改进意见。

融会贯通

最美孝心少女徐聪慧

徐聪慧，一个13岁的莱州姑娘，微笑是她脸上常有的表情，不知道内情的人还以为她是一位无忧无虑的少女。

2010年5月的一天，爸爸在给别人打工时，不幸遭遇塌方，因脊柱受到损伤，造成下肢瘫痪。为了维系生活、偿还债务，小聪慧的妈妈外出打工赚钱补贴家用。当时年仅8岁的小聪慧便开始学做家务。

随着小聪慧慢慢长大，她逐渐挑起了全家做家务的重担。她经常早晨4点半起床，忙活一家人的早饭、打理门前的菜园；6点半跑到村头赶学校的班车；放学后，小聪慧都会先做作业，然后做饭，照顾体弱多病的奶奶和爸爸吃饭，晚上还给爸爸按摩……

一个13岁的少女帮助妈妈撑起四口之家，聪慧的事迹慢慢在周边传开，人们觉得她的微笑更美了，称赞她"人美，心更美"！

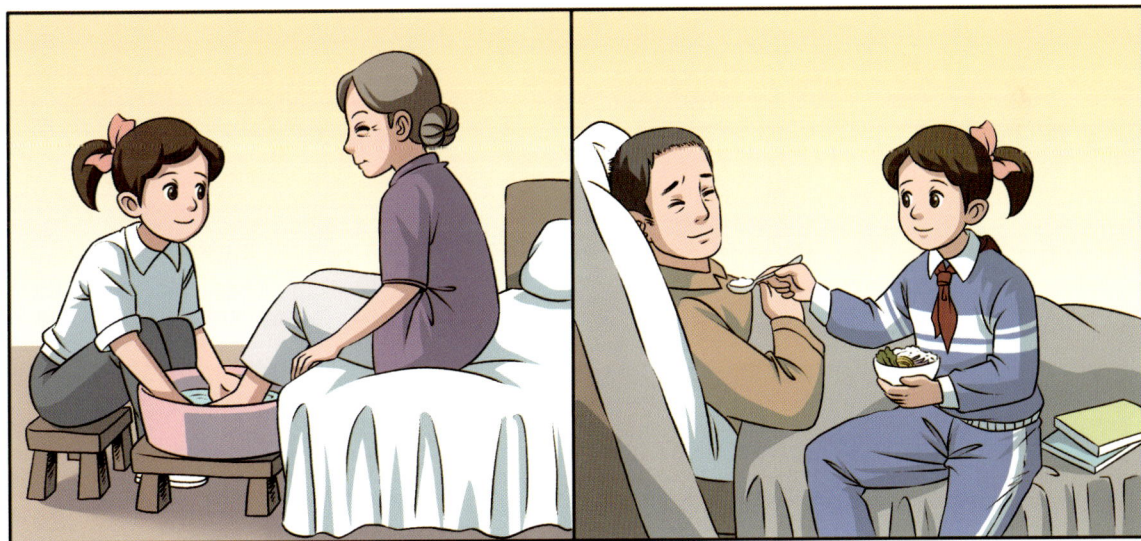

立志成才慰父母

过目难忘

托马斯·阿尔瓦·爱迪生，1847年2月11日出生于美国俄亥俄州米兰镇。他自小生活贫困，一生只上过3个月的小学。但爱迪生从小便志向远大，刻苦自学、立志成才，在千百次的失败中站立起来，成为全世界著名的发明家、企业家。

爱迪生发明的留声机、电影摄影机、电灯对人们的生产生活产生了极大影响。他一生的发明共有2000多项，平均每15天就有一项新发明，拥有专利1000多项，被誉为"发明大王"。

美国《生活》周刊评出的过去1000年100位最有影响力人物中，爱迪生名列第一。

心中有数

哈佛大学进行过一个非常著名的关于"目标对人生影响"的跟踪调查。

该项调查的对象是一群智力、学历、环境等条件都差不多的年轻人，调查结果发现：

有清晰且长期目标的占3%：25年后，他们几乎都成了社会各界顶尖成功人士，他们中不乏白手创业者、行业领袖、社会精英。

有清晰但短期目标的占10%：他们的短期目标不断地被达到，生活质量稳步上升，成为各行业不可缺少的专业人士，如医生、律师、工程师、高级主管等。

有较模糊目标的占60%：他们大部分生活在社会的中下层，能够稳定地工作与生活，但很少有什么特别的成绩。

无目标的占27%：他们几乎都生活得很不如意，常常失业，靠社会救济，并且常常抱怨他人，抱怨社会。

学而习之

1. 生活中你一定听说过很多自立成才的故事，说一说，让大家分享你的感动。

2. 若英语课本共有8个单元，每个单元大约40个单词，请计划一下，每天背诵多少个单词就能完成本学期（按4个月，每月30天计算）的任务？

若想完成出国留学的长期目标，到大学四年级毕业需要掌握8000个英语单词，那大学四年需要每天至少背诵多少个单词？

融会贯通

精彩地活着

　　要活就要精彩地活着，这是无臂钢琴师刘伟的励志名言。

　　刘伟10岁时因一场事故而被截去双臂，不幸并没有阻挡他对梦想的追逐。12岁时，他在康复医院的水疗池学会了游泳，2年后在全国残疾人游泳锦标赛上夺得两枚金牌；16岁他学习打字；19岁学习钢琴，一年后就达到相当于

用手弹钢琴的专业 7 级水平；22 岁挑战吉尼斯世界纪录，一分钟打出了 231 个字母，成为世界上用脚打字最快的人；23 岁他登上维也纳金色大厅的舞台，让世界见证了中国男孩的奇迹。刘伟成为世人心中新一代的"精神偶像"。

当命运的绳索无情地缚住双臂，他依然固执地为梦想插上翅膀，用双脚在琴键上写下："相信自己。"刘伟用事实告诉人们，只要努力就有可能，活着就要精彩。

学业道德 · 诚 德

引言

是故诚者，天之道也；

思诚者，人之道也。

至诚而不动者，未之有也；

不诚，未有能动者也。

——《孟子·离娄上》

解释：

　　所以，诚是上天的原则；追求诚是做人的原则。极为诚心而不能使人感动，是不会有的事；不诚心，不可能使人感动。

业精于勤荒于嬉

过目难忘

战国时期，有一个人叫苏秦。年轻时，他曾到好多地方做事，由于学问不深，都不受重视。

学无所成，回家后，周边的人对他很冷淡，瞧不起他，这对他触动很大，他开始发奋读书。每当夜深人静，想睡觉时，他就拿一把锥子往大腿上刺一下，猛然间感到疼痛，使自己振作起来，继续读书。后来，苏秦终于成为当时著名的政治家。

苏秦"锥刺股"的故事，在后世广为流传，激励着人们刻苦学习。

心中有数

一只蜜蜂每次携带0.03至0.05克花蜜，平均每天要在花丛和蜂房之间飞15个来回。

飞出蜂房的蜜蜂不带花粉体重较轻，平均每秒振翅400次。采蜜归来时，由于身上带有花粉、花蜜，体重增加，平均每秒振翅300次。

学而习之

1. 一只蜜蜂一天的采蜜量最多为多少克？假如蜜蜂采蜜的花丛与蜂房之间的距离平均为1.5千米，那一只蜜蜂一天需要飞行多少千米？

2. 如果蜜蜂在蜂房和花丛之间飞行，出去用16分钟，回来用24分钟，那么一天飞15个来回，在路上大约共需振翅多少次？

3. 计算了蜜蜂一日的工作量，有没有觉得蜜蜂很辛苦很勤奋？请制订一份自己的学习作息表，包括平日、周末和假期，努力做一个勤奋之人。

命运把握在自己手中

从前，有一对孪生兄弟，天真可爱。哥俩一出门就手拉手，一块儿上私塾读书，一块儿到田间游玩，形影不离。

为了预知孩子的前途，爸爸妈妈带他们去算了一次命。算命先生说，老大命相尊贵，可官至宰相；老二的命则有点薄，可能要受一辈子穷。

听了算命先生的话，哥哥便不再好好读书，成天玩耍。他想，反正我这辈子的荣华富贵是命中注定的，用不着努力。弟弟则没有因算命先生的预言而消沉，反而更加刻苦读书，鸡鸣即起，深夜方息。

十几年过去，老天不负苦心人，弟弟饱读诗书，高中状元，衣锦还乡。哥哥则因荒废学业，一事无成，穷困潦倒。

诚实学习不自欺

过目难忘

案例：

地点：某市城东麦当劳店内

时间：上午7：00

一群中学生三三两两地凑在一起埋头做作业。有的在做语文，有的在做数学，有的在做英语……

30分钟后，他们相互交换作业本，并拿出事先准备好的另外一本同样的本子，抄写对方刚刚做完的作业。

心中有数

一项针对中学生完成作业情况的调查数据显示，很多学生经常抄作业，抄作业已经成为学生中比较普遍的现象。

【问题】你怎样完成作业？

【结果】

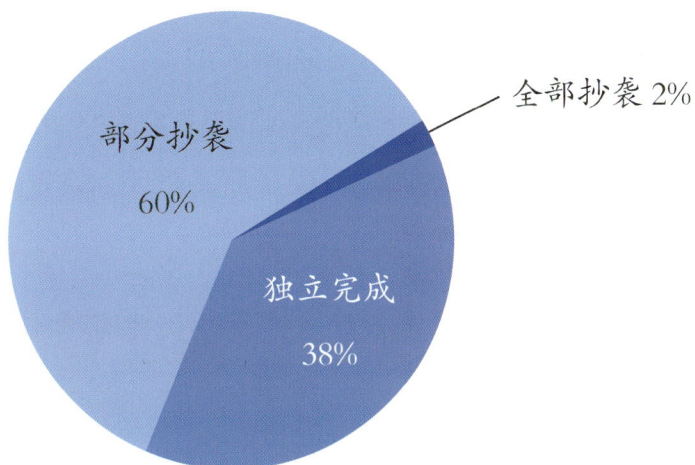

部分抄袭 60%

全部抄袭 2%

独立完成 38%

【问题】你对抄袭作业的态度？

【结果】

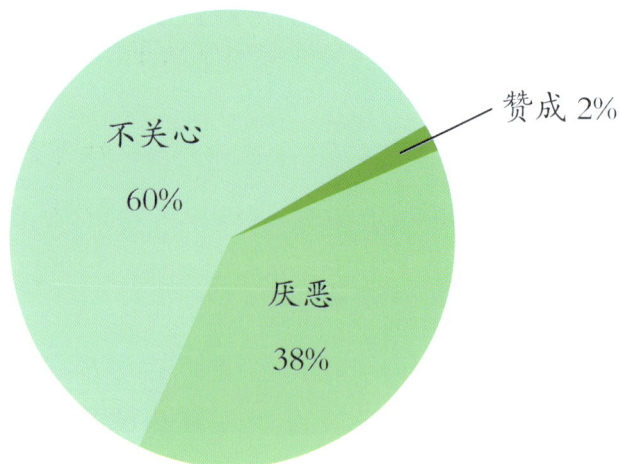

学而习之

1. 对于抄作业的行为，以下两位同学说出了自己的看法。

A同学说："我认为抄作业是不尊重老师的劳动。老师辛辛苦苦地讲课、指导我们，我们却抄袭作业，这种行为是不能原谅的……"

B同学说："如果作业少、难度小的话，我们就不会抄作业了。我们知道老师辛苦，但也是老师布置作业不当才导致这种行为的。所以，抄作业也不能全怪我们！"

针对这两种观点，你是怎么看的？

2. 对抄作业的后果进行分析，谈一谈抄写作业的危害。

融会贯通

考试作弊的成本

有的学生平日学习不努力，一到考试便作弊。这不仅破坏了正常的学习秩序，而且作弊的学生要承担经济、情感、机会、评价等方面不可预知的巨大成本。

一、直接成本

1. 留校察看处分。

2. 作弊课程成绩记为"0"。

3. 作弊记入学籍档案（影响终身）。

4. 本科生不能正常授予学位。

5. 来年参加补考。

6. 学生干部的职务将被撤销。

7. 丧失年度所有评优、评奖机会。

8. 影响就业。

9. 涉嫌违法者被依法追究法律责任。

二、附加成本

心情沮丧、名誉受损、家人寒心、工作难找。

三、不可预知成本

……

失之毫厘，差之千里

过目难忘

大概、可能、差不多是刘杰的口头禅，同学们送他一个绰号"迷糊先生"。

刘杰写作文时，经常错别字连篇。有一次把"十"字写成"千"字，"千"字写成"十"字，老师批评他，他还小声嘟囔："千字比十字只多一小撇，不是差不多吗？"

一天，他让同学捎来一张请假条，上面写道："老帅好！今天我狼病了，要陪狼去医院，特请假一上牛。"老师拿到假条看了几遍也没看懂，只好将假条抄写在黑板上，让同学们讨论。大家讨论了半天，为刘杰重写了一张假条："老师好！今天我娘病了，要陪娘去医院，特请假一上午。"

心中有数

2005年，一次严重的"一秒钟疏忽"发生在日本东京证券市场。12月8日9点30分，日本瑞穗证券公司的一名交易员在操作股票交易时，错把"以61万日元的价格卖出股票"的操作指令输入成"以每股1日元的价格卖出61万股"。这一秒钟的失误，立刻引发市场的剧烈波动，很多人都疯狂买进这种股票……

等到瑞穗证券公司意识到这一错误时，55万股股票的交易手续已经完成。这个疏忽，让瑞穗证券蒙受了至少270亿日元（约合人民币18.5亿元）的损失。

学而习之

1. 一个小数点的位置不同，差距也会很大。一个小数的小数点向右移动2位所得数比原数大210.87，原来的数是多少？

2. 诚实表现为既不欺骗他人，也不欺骗自己。撒谎、抄袭、不承认错误是不诚实的表现。平时学习不求甚解，考试时对不会回答的题"猜"和"蒙"是否是不诚实的表现呢？请谈谈自己的看法。

融会贯通

细节决定成败

在一次大型招聘会上，某外企的财务部经理一职以丰厚的待遇吸引了众人的眼球，应聘者络绎不绝，通过层层筛选，最终剩下甲、乙、丙三人进入最后的面试阶段。负责面试的是一位戴着金边眼镜的外国老人，他把大家带到一间小屋子里，用流利的中文说："大家好，今天由我负责你们的面试，能坐在这里，表明你们已经相当优秀了，但是只有一位能最后胜出，希望你们抓住这个机会。"面试官拿出三张简历表说："首先请你们填一下个人简历，然后开始面试。"

三人拿到简历表，认真填起来，不到十分钟都填完交到面试官手中。面试官看了简历，笑着说："我很高兴地宣布，我们将正式录用甲为财务部经理。"

大家都用疑惑的眼神望着面试官。面试官意味深长地说："你们这几位，不论是在学历方面还是业务水平方面，都相当出众。但是，做财务工作首要的是仔细。我刚才给你们的简历，要求填身高的单位是毫米，除了甲以外，你们都是以厘米来填的。对于财务工作来说，一点小小的差别，就可能导致公司蒙受重大损失。用中国的一句古话来说就是'失之毫厘，差之千里'。"

"失之毫厘，差之千里"是职场上永恒不变的真理。卓越的员工一定深知这个道理，对待工作十分认真，千万不能轻视任何细节。

重诺守信篇：诚是连心桥

一次失信，百次难赎

过目难忘

2013年10月1日，《最高人民法院关于公布失信被执行人名单信息的若干规定》开始实施，第一批有3万余例失信被执行人信息纳入了最高人民法院失信被执行人名单库，同时开通了信息查询平台。

最高人民法院执行局负责人介绍说，开通全国法院失信被执行人名单信息公布与查询平台，只是失信被执行人名单制度发挥信用惩戒作用的一个开始。各级法院将逐步通过报纸、广播、电视、网络、法院公告栏等其他方式公布失信被执行人名单；或者采取新闻发布会等方式，定期向社会公布。

心中有数

心理测试中有一个团队信任游戏，叫信任背摔。每个队员都要笔直地从1.6米的平台上向后倒下，其他队员则伸出双手保护他。

在这个游戏中，如果100次后倒都能被队员接住，而第101次没有被接住，那么前100次的信任会被瞬间"清零"。

这个游戏告诉参与者：一百次的守信会被一次失信破坏殆尽。

学而习之

1. 你有过失信于人的事吗？鼓起勇气说一说，它产生了什么后果？

2. 在保证安全的前提下，以小组为单位组织一次类似"信任后倒"的活动，体会在生活中怎样才能保持别人对自己的信任。

融会贯通

君子一言重千斤

亚伯拉罕·林肯，1809 年 2 月 12 日出生在美国肯塔基州。林肯家境贫困，他很小就开始帮助家里搬柴、提水、做农活等。长大后，他先后当过农场雇工、石匠、水手等。

1831 年的一天，他和几位伙伴来到美国新奥尔良的奴隶拍卖市场，看到一排排黑人奴隶戴着脚镣手铐，被粗壮的绳子串在一起等待被拍卖。奴隶主们则大摇大摆地来到奴隶面前，用买牲口一样的目光，上下打量着奴隶们，有的摸摸胳膊，有的拍拍大腿，有的干脆抡起拳头击打奴隶的胸腹，看看是否结实，是否有力气干活。挑到中意的则拍卖成交，带回家中。看到这一幕，林肯愤怒地说："太可耻了！我一定要把这奴隶制度彻底打垮！"

1860年，亚伯拉罕·林肯当选美国第16任总统。他排除重重阻力，废除了美国的奴隶制，实现了他22岁时的诺言，被美国人民称颂为"伟大的英雄"，成为美国历史上伟大的总统。

勇于担当受人敬

过目难忘

2014年5月的一天，快递小哥刘洋为了将邮件及时地送到顾客手中，骑着电动三轮车在马路上快速穿行。一不小心，电动车将停在路边的一辆宝马汽车划了一道长约20厘米的印痕。刘洋停下车来，心想：这么高级的车，修理要花好多钱，这个月白干了。但他没有溜走，而是在宝马车上留下了自己的姓名、联系电话和几句道歉的话语，然后骑车继续去送快递。

不久，汽车的主人给他打来电话，当得知刘洋家在农村，刚刚大学毕业，不仅没有要求他马上赔偿，还邀请他一块儿去喝杯茶，两人从此成了好朋友。

心中有数

　　某校对初中二年级的200名学生进行调查。对于"你认为一个受人尊重的人，最起码应具有什么品质"，19.96%的人认为"应有出众才华"，4.81%的人认为"应有较高社会地位"，3.66%的人认为"应有大量财富"，60.08%的人认为"应有较强责任感"。从这一组数字看，多数学生认为，有较强的责任感是一个受人尊重的人应具备的基本品质。

学而习之

　　1. 假设班主任每天花费10分钟调查班级违纪情况。若第一责任人能在第一时间主动站出来承认错误，一周（5天）能为老师节省多少时间？一个学期（20周）呢？

　　2. 想一想，在家和在学校里，应该从哪些方面承担好自己的责任？

融会贯通

两份演讲稿

第二次世界大战期间，盟军在诺曼底成功登陆后，指挥这场战役的最高统帅艾森豪威尔将军发表了演讲："我们已经胜利登陆，德军被打败，这是大家共同努力的结果，我向大家表示感谢和祝贺……"将士们无不为艾森豪威尔将军的演讲所感动。

其实，在登陆前，艾森豪威尔还准备了另一份截然相反的演讲稿，那是为一旦登陆失败而准备的。内容与胜利演讲稿截然相反，但却发人深省："我悲伤地宣布，我们登陆失败了。这完全是我个人决策和指挥的失败，我愿意承担全部责任，并向所有的人道歉。"

两篇内容截然不同的演讲稿，让我们看到了一位叱咤风云的将军的胸怀，成功属于大家，失败责任归己。

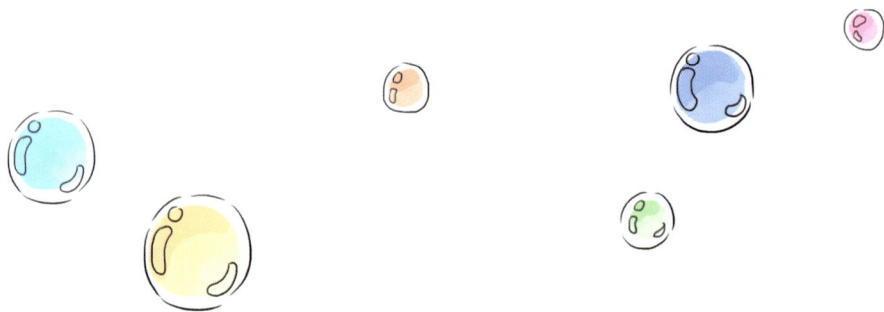

"诚"字通天地

过目难忘

东汉时期，书生张元伯和范巨卿是一对好朋友。学业结束时，二人约定，两年之后的某月某日，范巨卿到张元伯家拜见张母。

两年后，到了范巨卿拜见张母的日子，张元伯清晨早早起来，请求母亲杀鸡煮黍，准备招待范巨卿。张母说："时过两年，地隔千里，他今天一定会来吗？"张元伯说："巨卿很讲信誉，我相信他不会失信。"到了中午时分，范巨卿果然如约来到张家，拜见张母，以鸡黍为餐，尽欢而散。从此之后，二人更加心心相印，成为生死之交。这便是人们交口称誉的"鸡黍之约"。

心中有数

某校对初中学生进行了主题为"你希望自己的朋友具备哪些优点（多选）"的问卷调查，共发出调查问卷312份，收回有效问卷300份。调查结果统计如下：

项　目	人　数	占总人数百分比
开朗健谈	130	43.3%
诚实可信	225	75%
兴趣相投	156	52%
有个性	88	29.3%
有利用价值	30	10%
关心别人	99	33%
外表出众	23	7.7%
举止优雅	57	19%
没有特别标准	21	7%

由上表可见，有75%的学生希望自己的朋友具备诚实可信的优点。

学而习之

1. 朋友有困难找你帮忙，可你没有能力帮助他，你会（　　　　）

A. 断然拒绝

B. 为了不伤害朋友，也不损害面子，先答应下来

C. 坦诚说明理由，以求朋友谅解

D. 赴汤蹈火，在所不惜

E. 其他

2. 怎样才能提高学生诚信意识，实现校园诚信？（　　　）

A. 主要靠国家、靠社会，大社会诚信了，校园这个小社会自然就诚信了。

B. 学校要严把思想教育关，把"诚信"纳入课堂话题。

C. 学生自身要不断提高对诚信必要性和意义的认识，维护校园这一片净土。

3. 讨论分享：在交友过程中，你会注重朋友的哪些品质？

融会贯通

管鲍之交

管仲和鲍叔牙从小是一对好朋友。长大后，他们都从政，分别当了齐襄公的弟弟公子纠和公子小白的老师。不久，齐国发生内乱，齐襄公被杀死，公子纠和公子小白开始争

位。结果公子小白当上国君，他就是齐桓公。

为治理好国家，齐桓公问鲍叔牙有什么高见。鲍叔牙说："您需要一个才智过人的贤人来帮助。"他举荐了管仲。齐桓公对管仲却耿耿于怀。原来管仲为保公子纠做国君，曾想杀掉公子小白，可惜箭射偏了。鲍叔牙说："管仲的才能超过我十倍，您要是不记前仇，真心实意请他来，不但能治理好国家，恐怕其他各国也得听您指挥呢！"他努力说服齐桓公，让管仲取代自己的位置。齐桓公接受鲍叔牙的建议，不计前嫌，把管仲请来。

管仲见齐桓公不仅不记一箭之仇，还重用自己，就倾尽全力辅佐他，在齐国推行了一系列的改革，齐国逐渐强大起来，成为"春秋五霸"之首。而鲍叔牙却在齐国的鼎盛时期悄悄离开了齐桓公和管仲。"管鲍之交"成为千古佳话。

遵纪守法篇：没有规矩不成方圆

遵守规则即是善

过目难忘

2001年，参加研究生考试的西安考生陈晓媛因忘带身份证，被监考老师拒于考场门外。泪流满面的陈晓媛曾两度下跪，但眼泪没能撼

动考场规则——她最终没能参加考试。

一时间，众说纷纭，有人认为监考人员做得对，有人指责监考人员缺乏同情心。教育部门支持监考人员的做法，并解释："如果监考人员一见到眼泪或一遇到跪求，就手下留情，那么违规的考生就会越来越多。规则一旦被开了口子，就会失去公正性。照顾了个别，影响了大家，看似有情，实则无情。"

心中有数

公安部交通管理局的统计显示，近年来，80%以上的道路交通事故是由违反规则和法律导致的。其中超两成的违法行为是闯红灯、不按车道通行、违反禁令标志等"小节"。

2012年1—10月，全国因闯红灯造成798人死亡，因违反道路标志线行驶造成26154人死亡，因机动车未让行人造成429人死亡，因违法占用应急车道造成161人死亡。平均每天2.6人死于"闯灯"、86人死于"越线"、1.4人死于"不让"、0.5人死于"强占"。

学而习之

1. 全国交通安全日是每年的 _____ 月 _____ 日。

2. 小明的叔叔开车外出办事，在公路某处看到一个如图的指示牌，若小明的叔叔遵守交通法规，则他到达南京至少还需 _____ 小时。

3. 关于学校的规章制度你做得如何？今后有什么打算？

融会贯通

不插队的三好生

杂文家吴非所执教的学校让学生申报"三好"，一个成绩不是很理想的学生路某也申报了，在"个人表现及事迹"栏中只写了一句："在校食堂用餐两年，没有插过一次队。"

开会讨论时，其他同学对此不以为然。于是吴非算了一笔账：在两年时间里，路某每周上学6天，一日三餐除去假期，他在学校用餐一共是1440次；在每天都看到其他人"随便"的情况下，一件事重复做了1440次，每一次都循规蹈矩，一丝不苟。账算完了，给路某投票时，全班举起了手。

打架斗殴成本高

一天，高中生刘杰和凌飞来到一家咖啡店。喝完咖啡，刘杰说忘了带钱，让凌飞替他付钱。第二天，刘杰又拉着凌飞去喝咖啡，结果他又说没带钱，让凌飞垫上。

"不是说好今天你还我钱的吗？"凌飞一脸不快，"你咋说话不算数呢？"凌飞抽身要走。

刘杰抓住凌飞的衣服，挥拳就打。凌飞鼻梁被打断，左眼也受轻伤。

法院审理后认为，刘杰无事生非，随意殴打他人，情节恶劣，其行为已构成寻衅滋事罪，依法应当追究其刑事责任。

心中有数

上述案例中，青少年打架斗殴的成本大致为：

医药费平均500元/天；

交通费20元/天；

营养费、伙食费100元/天；

父母陪护少挣的工资130元/天（按山东省2016年最低工资标准约每人每日130元计算）；

其他费用80元/天。

学而习之

1. 小明将同学打伤住院10日，请按上述青少年"打架成本"计算小明的经济损失。

2. 请针对同学间打架的事件，提出化解矛盾的方案。

3. 请查阅资料，了解关于青少年犯罪的法律规定，对青少年打架斗殴致人重伤或死亡的如何处罚？

融会贯通

对打架斗殴行为的处罚规定

《中华人民共和国治安管理处罚法》第二十六条规定：有下列行为之一的，处五日以上十日以下拘留，可以并处五百元以下罚款；情节较重的，处十日以上十五日以下拘留，可以并处一千元以下罚款：

（一）结伙斗殴的；

（二）追逐、拦截他人的；

（三）强拿硬要或者任意损毁、占用公私财物的；

（四）其他寻衅滋事行为。

《中华人民共和国刑法》第二百九十二条规定：聚众斗殴的，对首要分子和其他积极参加的，处三年以下有期徒刑、拘役或者管制；有下列情形之一的，对首要分子和其他积极参加的，处三年以上十年以下有期徒刑：

（一）多次聚众斗殴的；

（二）聚众斗殴人数多，规模大，社会影响恶劣的；

（三）在公共场所或者交通要道聚众斗殴,造成社会秩序严重混乱的；

（四）持械聚众斗殴的。

聚众斗殴，致人重伤、死亡的，依照本法第二百三十四条、第二百三十二条的规定定罪处罚。

另外，我国刑法第十七条明文规定：已满十六周岁的人犯罪，应当负刑事责任。

已满十四周岁不满十六周岁的人，犯故意杀人、故意伤害致人重伤或者死亡、强奸、抢劫、贩卖毒品、放火、爆炸、投毒罪的，应当负刑事责任。

沉溺网络害身心

过目难忘

    据《中国教育报》2004年4月12日报道，重庆市沙坪坝区回龙坝镇中学初一五班三名学生罗某、熊某和王某逃学后，在网吧通宵玩电脑游戏，其中熊某连续电脑游戏达三个通宵。2004年3月31日，三人走出网吧后，因极度困乏，竟躺在火车铁轨上睡着了。结果，熊某和王某被疾驰而过的火车碾死，罗某滚下铁轨侥幸逃生。

心中有数

据中国青少年网络协会提供的数据，目前城市经常上网的小学生比例为25.8%，初中生为30%，高中生为56%。我国网瘾青少年约占青少年网民总数的13.2%，而13—17岁的中学生群体成为"网瘾重灾区"。

学而习之

1. 若在网吧上网费用为2元/小时，平均每天上网10小时，一周会花去多少钱？一年要花去多少钱？

2. 你知道"网瘾三特征"吗？

（1）闲暇时分甚至工作学习时、晚上睡觉前，总是想着上网；

（2）每当互联网的线路被掐断或因其他原因不能上网时，会感到不安、情绪低落、无所适从；

（3）觉得在网上比在现实生活中更快乐，更能实现自我。

如果具有"网瘾三特征"，就是名副其实的"网虫"了。你身边有这样的同学吗？请利用了解到的数据和事例，劝诫这些"网虫"同学远离网吧、戒掉网瘾。

融会贯通

请抬起你的头

"世界上最遥远的距离不是生与死，而是我在你身边，你却在玩手机。"

这句话是网络上对于"低头族"的调侃。走路、吃饭、聚会、坐公交……可以说，只要有人活动的地方，总有人沉迷在网络世界中。

无处不在的网络，的确让我们的生活变得丰富多彩，却疏远了彼此之间的心灵。瞧，宴请朋友的饭桌上、庆祝老人的生日时、自家客厅的沙发上，少了许多面对面的交流，多的则是自顾自的低头刷屏。手机"低头族"越来越多，他们不但对多种安全隐患、健康"杀手"视而不见，还因长期低头而忽视了人间亲情。

适当上网可以放松心情，释放压力。但网络也造就了一大批"网虫"，他们不工作，不学习，在虚拟的世界中纵横驰骋，贻误了青春。还有人把高效的网络变成实施犯罪的场所，用不良信息毒害他人。有的人为了上网不惜离家，不惜偷东西犯罪……只留下父母暗自焦急垂泪。

奉劝"低头族"，为了你们的幸福，请抬起头！

社会公德·爱德

引言

君子所以异于人者，以其存心也。

君子以仁存心，以礼存心。

仁者爱人，有礼者敬人。

爱人者，人恒爱之；敬人者，人恒敬之。

——《孟子·离娄下》

解释:

　　君子之所以不同于一般人，是因为他的居心不同。君子把仁保存在心里，把礼保存在心里。仁爱的人爱别人，有礼的人尊敬别人。爱别人的人，人们总是爱他；尊敬别人的人，别人一直尊敬他。

对"白色污染"说"不"

过目难忘

前几年，"白色污染"较重，有人戏称我国有两座万里长城，一为秦朝时期开建的古长城，二为现在铁路沿线的"白色长城"。万里铁路沿线随处可见不文明乘客丢弃的白色饭盒、塑料袋……严重影响了景观和生态。

随意丢弃的废旧包装、塑料制品，不仅影响景观，造成"视觉污染"，而且难以降解，对生态环境破坏极大。整治"白色污染"刻不容缓！

心中有数

据有关部门不完全统计，我国全年消耗一次性塑料快餐盒约4亿至7亿个。北京市的生活垃圾约3%为废旧塑料包装物，每年约14万吨；上海市生活垃圾约7%为废旧塑料包装物，每年约19万吨。

有人粗略估算，我国每年用于"白色污染"的治理经费大约为1850万。

学而习之

1. 对造成"白色污染"的原因，下列表述不正确的一项是（ ）

A. 塑料制品多属于一次性用品，人们用后多已分类回收，加工利用。

B. 由于经济快速发展和商品的过度包装，塑料制品需求量大幅增长。

C. 人们对废旧塑料造成的环境污染缺乏足够的认识，环境保护意识薄弱。

D. 废旧塑料很难被自然界的光和热降解并且难以对其生物降解。

2. 在"限塑令"实施之前，我国2007年的塑料购物袋消费已达100万吨，相当于消耗石油600万吨，是名副其实的塑料购物袋消费大国，大量的废弃塑料袋无法自然降解，给环境保护带来了问题，消耗了大量石油原料，造成"白色污染"。

2016年2月16日，《人民日报》记者从国家发改委环资司获悉：自2008年6月1日"限塑令"正式实施，7年来成效明显，超市、商场的塑料购物袋使用量普遍减少了2/3以上，累计少用塑料购物袋140万吨左右。算一算，减少使用这140万吨购物袋，相当于节约了多少石油？

3. 垃圾是"放错地方的资源"，可将其分类回收。回收废旧塑料可减少"白色污染"，请同学们对解决校园"白色污染"问题提出一些建议。

融会贯通

田关心的新年愿望

2015年，田关心49岁，是郑州市金水区的一名巡防队员。2007年8月他参加了志愿者组织，成为郑州市金水区的志愿者。

2008年，他从生活费中挤出5000元捐给汶川地震灾区；2011年为舟曲灾区募集善款6715元。2010年4月，他组织成立文化路爱心联盟服务站，建立"小学生四点钟课堂"，免费为困难家庭、农民工子女补习功课；2013年他又成立了金水区志愿者联合会。

2015年元旦来临，田关心在自己的博客里，表达了自己的新年愿望：一是成立"大爱郑州保护母亲河"环保服务大队，持续开展保卫母亲河环保活动；二是在花园口游览区的河神广场上设立一个爱心书摊，让游客既有个歇脚的地方，又可以免费看书。田关心的新年愿望发表后，响应者日众，一个多月的时间，报名参加"大爱郑州保护母亲河"环保服务大队的志愿者达1000多名；爱心书摊也收到了志愿者送来的10张桌子、40把椅子、1000多册图书和一辆运货的三轮车。

田关心的新年愿望很快实现了，他笑得特别开心。

低碳生活，绿色行动

过目难忘

    一个国际研究团队在英国《自然》杂志网络版上发表报告说，室外空气污染每年导致全球300多万人早亡，比疟疾和艾滋病每年导致的死亡人数加起来还要多。研究人员指出，影响健康的空气污染物主要是PM2.5（细颗粒物）等多种颗粒污染物，长期吸入这些颗粒污染物可能会诱发心脏病、中风、肺癌及呼吸道疾病。

心中有数

　　瑞典卡罗林斯卡医学院在一份公报中称，该医学院和欧洲其他国家科研机构的研究人员对涉及欧洲9国31.3万人的追踪调查结果进行分析，这些人在13年中有2095人患了肺癌。通过对调查对象生活环境中的PM2.5和PM10（可吸入颗粒物）浓度进行估测发现，患肺癌风险与长期吸入空气中的可吸入颗粒物浓度成正比。

　　分析表明，每立方米空气中PM2.5每增加5微克，患肺癌的风险增加18%；每立方米空气中PM10每增加10微克，患肺癌特别是肺腺癌的风险增加22%。即使可吸入颗粒物浓度低于欧盟标准时也是如此。欧盟规定的PM2.5和PM10最高限值分别为年均浓度每立方米25微克和40微克。

学而习之

　　1. 试分析一下，我们身边的空气污染主要是由哪些原因造成的？

　　2. 据统计，日常生活当中每耗用一度电，就向大气中排放了0.997千克的二氧化碳。请你试着计算一下，如果每月家庭用电100度，会排放大约多少千克二氧化碳？一年呢？

3. 王师傅开车消耗了100升汽油，排放了270千克二氧化碳。若一棵冷杉树能吸收111千克二氧化碳，他需要种植几棵冷杉树来补偿自己的二氧化碳排放？

融会贯通

体验低碳新生活

2013年，中新天津生态城低碳体验中心正式运营。通过多项设计，如太阳能光伏板、地源热泵、风力发电机等生态科技，可实现减少能源消耗的目的。相比于类似传统建筑，可节省30%的能源，相当于每年节省171吨煤和减少427吨二氧化碳排放，由此成为引领世界低碳生态城市建设的"生活实验室"。

整个低碳体验中心打破固有模式中玻璃的位置，在南向外墙最大化采用了玻璃及窗户，建筑北向墙体则最小化开放空间。通过南向窗户充分利用自然采光，在季节变化时，让南风进入建筑内，并减少冬季寒冷的西北风吹入。同时，建筑中采用遮阳设备，通过外立面遮阳板、导光板，将自然光线更深地反射到办公室内。在屋顶及垂直墙体进行绿化，防止夏季热量聚集以及冬季热量流失。

同时，低碳体验中心28%的能源利用来自于可再生能源，比生态城自身的目标高40%。这里一半的用水来自于非传统水源，包括雨水收集。落在低碳体验中心地块80%的雨水不会排入公共管网，减轻了公共基础设施的压力。

生命起源的那片蓝

过目难忘

  日本"3·11"9级大地震引发强烈海啸，大量的房屋、汽车和各种残骸卷入太平洋，形成了一个长约111公里的"垃圾岛"。其实，在日本地震和海啸导致大量垃圾卷入海洋之前，地球的海洋上就已经漂浮着大量的海上垃圾。2007年，美国科学家发现，太平洋上漂浮着一个巨大的"太平洋垃圾岛"。

心中有数

2002年11月，"威望"号油轮在西班牙西北部海域解体沉没，至少6.3万吨重油泄漏。法国、西班牙及葡萄牙共计数千公里海岸受污染，数万只海鸟死亡。

2007年11月，装载4700吨重油的俄罗斯油轮"伏尔加石油139"号在刻赤海峡遭遇狂风，解体沉没，3000多吨重油泄漏，致出事海域遭严重污染。

2010年4月，位于美国南部墨西哥湾的"深水地平线"钻井平台发生爆炸，事故造成的原油泄漏形成了一条长达100多公里的污染带，造成严重污染……

学而习之

1. 地球的表面积约5.1亿平方千米，海洋约占地球表面积的71%。请试着计算一下，地球上的海洋面积约有多少？

2. 查找资料，搜集关于海洋污染事件的信息。这些事件造成了什么危害？可以采取什么措施治理？

20 岁少年发明清洁海洋垃圾的好方法

20 岁的 Boyan Slat，发明了一种方法，清除塑料垃圾对海洋造成的污染。Slat 的计划是将巨大的浮动壁垒布置在旋转潮汐（称为环流）的地方，让废弃塑料自动地流入这个结构中。由于不使用传统的网，避免了让野生动物陷入危险之中。由此，他打算采用由浮栅固定的 V 形缓冲区。

这个开创性的壮举在 2016 年正式展开。第一个 V 形浮动壁垒被放置在日本附近的海洋，并且计划在加州和夏威夷之间的海洋也安置一个。

壁垒大约长 1981 米，能够抗风暴，是有史以来放置在海洋中最长的浮动结构。

这个计划来自众筹项目，随着时间的推移，现在已经筹集了 200 万美元。目前项目进展顺利，越来越多的人开始关注此项目。

尊重别人就是尊重自己

过目难忘

有个著名的男演员，喜欢耍大牌，经常不守时。

有一天拍戏，大伙儿全到了，唯独不见那个男演员。导演说："等他！"演员、摄影、灯光、场记、场务，大家全都乖乖地等着。二十分钟，三十分钟，一个小时……终于，那位男演员到了。导演没骂他，但是也没开工，而是站起来，对所有的人说："好了，收工！"于是灯光灭了，大家全走了，只剩下那个演员呆呆地站在场地中间。

从此，那位男演员再也没有迟到过。

心中有数

调查显示，76.2%的青年愿意为他人付出，之所以参与公益活动，是因为"能帮助别人心里高兴，爱别人，别人也会爱自己"。"可以结识志同道合的朋友"是40.9%的青年参加公益活动、帮助他人的原因。还有20%的青年表示"没有原因，就是想去关爱他人"。

调查中，一位青年这样说："我们内心深处，是很乐意不计回报地帮助、关爱别人的，哪怕是在公交车上给老人让个座。"

学而习之

1. 尊重他人就是（　　　）

（1）维护他人的尊严

（2）从欣赏、鼓励、期望等角度来善待对方

（3）注意不做有损他人的事情

（4）听他的，他说什么就是什么

A.（1）（2）（3）（4）　　　　　B.（1）（2）（3）

C.（2）（3）（4）　　　　　　　　D.（1）（2）（4）

2. 回想一下，你经历过哪些尊重别人而使自己受益的事情？今后，我们应该怎样做才能更好地表达对别人的尊重？

3. 测试题：你是一个尊重他人的人吗？

（1）你会经常尊重别人的意见，也会善意地指出别人存在的错误。

（2）如果你错了，能够迅速地承认。

（3）同他人交往总是用友善的方式开始。

（4）尽量不与别人辩论。

（5）经常站在双方的角度来考虑问题。

（6）让对方多说话。

（7）尽力用对方的观点看待事物。

（8）总是体谅困境，尽量满足对方的愿望。

（9）总能记住对方的名字。

（10）约定好的时间，总是准时到达。

说明：

如果你回答"是"的个数在7-10个，说明你是一个比较尊重他人的人。

如果你回答"是"的个数在4-6个，说明你在某些方面做到了尊重他人。

如果你回答"是"的个数在0-3个，说明你只在极个别的方面尊重他人。

融会贯通

尊重别人就是尊重自己

这是一个发生在美国纽约曼哈顿的故事：

一个中年女人领着一个小男孩走进美国知名企业"巨象集团"总部的花园，在一张长椅上坐下，似乎在说着什么，不远处一位头发斑白的老人正专心修剪灌木。

突然，女人将男孩擦嘴后的纸巾一甩手抛到老人刚剪过的灌木边，老人很惊讶，但什么话也没说，慢慢走过去拿起那团纸扔进垃圾筐。

过了一会儿，女人又将一团纸扔在了那里。老人依然缄默，捡起那团纸，继续工作。不久，第三团纸落在了那里……就这样，老人一连捡了女人扔的六七团纸，但他始终没有露出一丝不满的神色。

只听女人指着老人对男孩说："我希望你明白，如果你现在不好好上学，将来只能像他一样做这些又低微又卑贱的工作！"

老人走过来，平静地询问女人的身份。

"我是巨象集团下属分公司的经理！"女人骄傲地说。

"能把你的手机借我用一下吗？"老人缓缓地说。

"你看这些穷人，这么大年纪了连手机也买不起。你今后一定要努力啊！可不能像他一样没长进！"女人极不甘心地把手机递给了老人。

　　老人打完电话，一名男子快速走过来，恭恭敬敬地问："总裁，您有何吩咐？"

　　"我提议免去这位女士在巨象集团的职务！"

　　"是，我马上落实！"

　　老人走到小男孩跟前，用手抚了抚男孩的头，意味深长地说："我希望你清楚，在这世界上最重要的是尊重每一个人……"

与人方便就是与己方便

过目难忘

　　杨磊是一个盲人，住在小区的四楼。每天早晨六点钟，他准时从家里出发到按摩院上班，常常晚上八九点钟才回到家。每次上下楼时，他都会摸索着把每层楼道里的灯按亮。

　　一天，一个邻居忍不住问他："你的眼睛看不见，为何还要开灯？"杨磊笑笑说："开灯能给别人带来方便，也会给我带来方便。"邻居疑惑地说："开灯能给你带来什么方便？"杨磊坦诚地回答："开灯后，上下楼的人都能看清路，就不会把我撞倒了，这不是给我方便吗？"邻居恍然大悟。

心中有数

　　小张是某企业的推销员，同时是一位业余通讯员。他在推销产品时发现客户的好人好事，总是及时地写出稿件，投到报纸和杂志，每年发表的稿件达100多篇。许多客户都愿意来买他的产品，成了他的固定客户。他的营业额和收入是同事的三倍多。当人们问他有什么推销秘诀时，他总是笑着回答："与人方便，与己方便。"

学而习之

1. 想一想，在生活中与同学、朋友交往，应注意哪些问题？

2. 俗话说"好事不出门，坏事传千里，一传十，十传百，传出十万八千里"。若因心胸狭隘而与同学发生矛盾，那么你失去的不仅是一个朋友，可能是更多的朋友。若按"一传十，十传百"的规则，经第 5 轮传达后，将会有（　　）人知道你的糗事。

融会贯通

割断绳索的货郎

从前，有一个货郎挑着担子由东面进入了村庄。进村后，他使劲地叫卖，吆喝了一整天，也没卖出任何东西。没有在这个村庄赚到钱，他便发誓：今后永远不再到这个村庄来。

第二天早上，货郎挑着担子向村子的西面走去，当他走过村外一座绳索桥后，用随身携带的长刀，费了九牛二虎之力将绳索全部割断，小桥随即沉入了江底。他不想再回这个村庄，也不想给这个村庄的人留下通道。可是，货郎并不知道这座桥是村庄通向村子西面悬崖的桥梁。

他继续向前走着，突然发现前方居然是悬崖。他想折回，但身后已没有了路。天近傍晚，货郎又冷又饿，大声呼救，但因离村庄太远，没人听见。直到次日中午，人们才发现他，全村人用了整整三天的时间重新搭建绳索桥，才将他救回村庄。

将心比心才能换来真心

过目难忘

2012年，莫言在领取诺贝尔文学奖时，讲述了这样一个故事。

小时候，他跟随母亲去集体的地里捡麦穗，看守麦田的人来了，捡麦穗的人纷纷逃跑。母亲是小脚，跑不快，被捉住，身材高大的看守人扇了她一个耳光。母亲摇晃着身体跌倒在地。看守人没收了他们捡到的麦穗，吹着口哨扬长而去。母亲坐在地上嘴角流着鲜血。

多年之后，那个看守麦田的人成了白发苍苍的老人，在集市上与莫言母子相遇。莫言冲上去想找他报仇，母亲拉住他，平静地说："儿子，那个打我的人，与这个老人，并不是一个人。"

莫言说，是母亲的善良教会了他怎样去理解仇恨和宽容他人。

心中有数

据调查，"90后"学生在处理人际关系方面，认为"人与人之间应相互帮助和理解"的占58.3%，认为应"具体问题具体分析"的占37.4%，认为应"根据他人对我的态度来处理人际关系"的占4.3%。

数据显示，"90后"学生普遍认为交往双方应该是和谐相处、竞争合作、友爱互助的关系，普遍认同人际交往最重要的是热心、真心、理解和宽容。但部分学生在处理人际关系时也存在一些认知偏差和行为错位。

学而习之

1. 请结合令世人震惊的"马加爵案"，讨论人际关系对身心健康的意义。

2. 刘扬给最要好的朋友记名了，因为她在自习课上说话。班会课上老师批评了那名同学，为此她很生气。刘扬应该怎样和她解释，消除彼此的隔阂？

融会贯通

空姐12次微笑

飞机起飞时，一位乘客请求空姐给他倒一杯水吃药。空姐很有礼貌地说："先生，请稍等片刻，进入平稳飞行后，我把水给您送过来，好吗？"

15分钟后，飞机已进入了平稳飞行状态。突然，乘客服

务铃急促地响了起来，空姐猛然意识到：糟了，忘记给那位乘客倒水了！

她连忙来到客舱，把水送到乘客面前，面带微笑地说："先生，对不起，由于我的疏忽，延误了您吃药的时间，抱歉。"这位乘客指着手表说："你看看，过了多久了，有你这样服务的吗？"空姐感到委屈，无论怎么解释，这位乘客还是不肯原谅她的疏忽。

接下来的飞行途中，为了补偿自己的过失，空姐每次去客舱给乘客服务时，都会特意走到那位乘客面前，询问他需要什么帮助。然而，那位乘客却摆出一副爱理不理的样子。

临到目的地时，那位乘客要求空姐把留言本给他送过去，空姐意识到他要投诉自己，但还是把留言本送到了他的手上。

飞机安全降落，空姐打开留言本，发现那位乘客写下的并不是投诉信，而是一封热情洋溢的表扬信："你的12次微笑，深深地打动了我，下次如果有机会，我还将乘坐你们这趟航班！"

享受劳动的快乐

过目难忘

时传祥，山东省齐河县赵官镇大胡庄人，新中国成立前逃荒到了北京，五六十年代在北京市崇文区任粪便清除工人。

在20多年的工作中，时传祥几乎放弃了节假日休息，无论春夏秋冬、酷暑严寒，不管坑深坑浅、多脏多难，他一勺一勺地挖，一罐一罐地提，一桶一桶地背，每天淘粪背粪5吨多，背粪的右肩磨出了老茧。

当有人劝他不要再干这又脏又累的活时，他哈哈笑道："舍得我一人脏，换来万家净，有啥不好的？"

时传祥以"劳动者最快乐"的人生态度，诠释着"劳动者最光荣"的内涵，赢得了全国人民的尊敬，获得了"全国劳动模范"的光荣称号。

心中有数

2016年5月，国家统计局发布数据，2015年全国城镇非私营单位就业人员年平均工资为62029元，与2014年的56360元相比，增加了5669元，同比名义增长10.1%，增速比2014年加快0.6个百分点。其中，在岗职工年平均工资为63241元。扣除物价因素，去年全国城镇非私营单位就业人员年平均工资实际增长8.5%。

学而习之

1. 劳动有益健康，据计算，每拖地20分钟可以消耗75千卡热量，若一天拖地一次，一个月（按30天计算）消耗的热量相当于跑多少千米？（跑1千米消耗约60千卡热量）

2. 请调查你家乡2015年劳动者收入情况，与上一年度进行比较，计算增长速度。

融会贯通

劳生善，逸生妄

史桂芳，嘉靖三十二年进士。性情耿直，为官廉洁爱民，专以德化民。著有《惺堂文集》十四卷，《四库总目》传于后世。他在《训家人》中写道："劳则善心生，养德、养身咸在焉；逸则妄念生，丧德、丧身咸在焉。"

史桂芳谆谆地告诫自己的儿孙，勤奋劳动能使人产生善心，培养高尚的品德、修养健康的身心一刻也离不开劳动；贪图安逸则会产生邪妄的念头，会使人丧失道德、戕害身心。他要求自己的后人切莫忘记劳动，切忌好逸恶劳。

俗话说"心灵手巧"，对儿童来说，则是"手巧心灵"。勤动手有助于儿童智力发育。基本生活自理，做一些力所能及的家务等早期劳动训练，可以使儿童的脑细胞得到更多的刺激，加快脑细胞生长发育，有助于双手和大脑协调发展。

在营养良好的情况下，适当的劳动能促进大肌肉、小肌肉的发育，增强儿童的体质。

此外，劳动对少年儿童的个性发展也有积极作用，可以让孩子从小知道劳动果实来之不易，养成吃苦耐劳、勤俭节约的品质。

为学莫重于尊师

过目难忘

  韩国是一个尊师重教的国家。韩国教师节和韩国历史上最受尊敬的世宗大王的生日同为一天。在韩国，教师社会地位很高，人们对教师都非常尊敬。学生见到老师，毕恭毕敬，要90度鞠躬。

  在大学校园里，如果学生与教授同行的话，必须要稍微靠后一段距离，因为从礼节上讲，学生与教授同行不能踩到教授的身影，否则就是对教授不够尊敬。

心中有数

  据《中国教育报》调查显示：51%的教师认为自己的身体处于亚健康状态,34%的教师患有轻微疾病。其中27%的教师患有慢性咽喉炎，26%的教师患有颈椎疾病，还有部分教师患有腰椎疾病、胃病、静脉曲张等其他疾病。

学而习之

1. 小调查：采访你身边的一位老师，他（她）平均每天上多少节课？计算一下：这位老师一年共上多少节课？每节课站立45分钟，他（她）一年需站立多少分钟？

2. 试着计算一下我们每周在学校里与老师们相处的时间有多少，一个月相处的时间有多少。再计算一下除去睡觉的时间，每月你与父母在一起的时间有多少。

融会贯通

居里夫人与她的小学老师

玛丽·居里，世称"居里夫人"。法国著名波兰裔物理学家、化学家。1867年11月7日生于华沙。

1903年，居里夫妇和贝克勒尔由于对放射性的研究而共同获得诺贝尔物理学奖，1911年，因发现元素钋和镭再次获得诺贝尔化学奖，成为历史上第一个两获诺贝尔奖的人。

　　1932年5月，华沙镭研究所建成，居里夫人回到祖国参加落成典礼。许多达官贵人都簇拥在她的周围。典礼将要开始的时候，居里夫人忽然从主席台上跑下来，穿过捧着鲜花的人群，来到一位坐在轮椅上的老妇人面前，她弯腰深深地亲吻了老妇人的双颊，亲自推着她走上主席台。后来，人们得知这位老人是居里夫人上小学时的老师。在场的人都被这动人的场景打动，热情地鼓掌，老人流下了欣慰的眼泪。

树高千尺不忘根

过目难忘

华罗庚出生于江苏常州金坛区，祖籍江苏丹阳。中国科学院院士，美国国家科学院外籍院士。他是中国解析数论、矩阵几何学、典型群、自守函数论与多元复变函数论等多方面研究的创始人和开拓者。

1950年，40岁的华罗庚放弃了在美国的终身教授职务，回到祖国怀抱。归途中，他写了一封致留美学生的公开信，信中写道："为了抉择真理，我们应当回去；为了国家民族，我们应当回去；为了为人民服务，我们应当回去；就是为了个人出路，也应当早日回去，建立我们工作的基础，为我们伟大祖国的建设和发展而奋斗。"

回国后，华罗庚进行应用数学的研究，足迹遍布全国23个省、直辖市、自治区，用数学解决了大量生产中的实际问题，被称为"人民的数学家"。

心中有数

《中日韩美高中生比较研究报告》调查数据显示：

90.2%的中国高中生为自己是中国人感到自豪，美国、日本、韩国则分别是89.2%、75.0%和74.5%。

79.4%的中国高中生认为国家发展与个人发展息息相关，而韩国、美国、日本则分别是53.3%、52.8%和39.4%。

80.7%的中国高中生表示"若国家遇到危机，愿为国家做任何事"，分别比美国、韩国和日本高出24.7、35.4和50.9个百分点。

学而习之

1. 我国陆地面积约为960万平方千米，其中山地、高原、盆地、平原和丘陵分别占33%、26%、19%、12%和10%。请计算：山地、高原、盆地、平原、丘陵的面积分别约为多少？

2. 和平年代不需要我们为国家利益抛头颅、洒热血，那我们能为国家做些什么呢？

融会贯通

苏武牧羊

公元前100年，汉武帝派苏武出使匈奴。苏武完成任务准备回国时，匈奴发生内乱，苏武被扣留下来。单于以俸禄和高官诱惑他背叛汉朝，苏武严词拒绝。见劝说无效，单于决定用酷刑。时值严冬，单于命人把苏武关进露天的大地穴，断绝食品和水。在地窖里，苏武渴了，吃一把雪；饿了，嚼身上的皮袄；冷了，就缩在地角拿剩下的皮袄取暖。单于见苏武仍没有屈服，只好把他放出来，流放到北海（今贝加尔湖一带）牧羊。临行前，单于对苏武说："你不投降，就去放羊，什么时候那些羊生了羊羔，我就让你回到大汉去。"

到了北海后，苏武发现他要放牧的羊全是公羊。在这人迹罕至的地方，唯一与苏武做伴的，是那根代表汉朝的使节和一小群公羊。他每天持着使节牧羊，头发和胡须都白了，使节上挂着的装饰物都掉光了。

若干年后，下令囚禁他的单于和汉武帝先后去世，汉昭帝继位。公元前85年，匈奴再次内乱，新的单于向汉朝求好。汉昭帝要求放回苏武、常惠等人。匈奴却骗汉朝使者说："苏武已经死了。"

又过了几年，汉朝再派使者到匈奴，常惠私下与使者见面，说明实情。使者严厉责备单于说："我们皇上在上林园射下一只大雁，大雁的脚上拴着一条绸子，是苏武亲笔写的一封信，说他在北海放羊。您怎么可以骗人呢？"单于听了吓了一跳，心想："是苏武的忠义感动了飞鸟！"他连忙向使者道歉，答应一定送回苏武。

公元前81年，苏武在匈奴受难19年后，终于回到了长安，老百姓都出门迎接他，称赞他是个有气节的大丈夫。

附录："学而习之"参考答案

家庭美德·孝德

知恩篇：难忘父母养育恩

一声妈妈，几多深情

1. $2000 \times \left(1 - \dfrac{2}{5}\right) = 1200$（位）

感恩篇：爱要大声说出口

"陪伴"是最好的感恩

1. $80 - 50 = 30$（年）　　$30 \times 7 = 210$（天）

报恩篇：做最美孝心人

自立从分担家务开始

1. $2 + 10 + 20 + 15 + 3 = 50$（人）　　$2 + 10 + 20 = 32$（人）　　$32 \div 50 = 64\%$

妈妈，我长大了

1. 收缩压（高压）应在 90—139mmHg 之间

　　舒张压（低压）应在 60—89mmHg 之间

立志成才慰父母

2. $8 \times 40 = 320$（个）　　$4 \times 30 = 120$（天）　　$320 \div 120 \approx 2.7$（个／天）

　　$365 \times 4 = 1460$（天）　　$8000 \div 1460 \approx 5.5$（个／天）

学业道德·诚德

诚实学习篇：诚实学习让心灵无瑕

业精于勤荒于嬉

1. $0.05 \times 15 = 0.75$（克），$1.5 \times 2 \times 15 = 45$（千米）

2. $(16 \times 60 \times 400 + 24 \times 60 \times 300) \times 15 = 12240000$（次）

失之毫厘，差之千里

1. 设原来的数是 x，根据题意有方程：$100x - x = 210.87$，所以 $x = 2.13$

重诺守信篇：诚是连心桥

勇于担当受人敬

1. $10 \times 5 = 50$（分钟）　　　　$50 \times 20 = 1000$（分钟）

遵纪守法篇：没有规矩不成方圆

遵守规则即是善

1. 12 月 2 日

2. 200÷80=2.5（小时）

打架斗殴成本高

1.（500+20+100+130+80）×10=8300（元）

沉溺网络害身心

1. 2×10×7=140（元）　　2×10×365=7300（元）

社会公德·爱德

爱护环境篇：地球，我们共同的家园

对"白色污染"说"不"

1. A

2. 600÷100×140 = 840（万吨）

低碳生活，绿色行动

2. 100×0.997=99.7（千克）　　12×99.7=1196.4（千克）

3. 270÷111 ≈ 2.4（棵）　　所以，王师傅需要种植 3 棵冷杉树。

生命起源的那片蓝

1. 5.1×71%=3.621（亿平方千米）

关爱他人篇：我们都是一家人

尊重别人就是尊重自己

1. B

与人方便就是与己方便

2. 100000

奉献社会篇：让梦想在青春中绽放

享受劳动的快乐

1.（75×30）÷60=37.5 千米

树高千尺不忘根

1. 960×33%=316.8（万平方千米）　　　960×26%=249.6（万平方千米）；

960×19%=182.4（万平方千米）　　　960×12%=115.2（万平方千米）；

960×10%=96（万平方千米）

后 记

《文明基因·孝诚爱》丛书第三版与大家见面了！她像一颗茁壮的春苗，扎根于中华优秀传统文化的沃土；她像一朵美丽的鲜花，绽放在齐鲁大地火热的道德实践之中。

《文明基因·孝诚爱》丛书第一版、第二版分别于2014年7月和2015年4月出版发行。一经上市，便受到了社会各界的广泛关注和好评。她以独特的视角，崭新的理念（德融数理·知行合一），从生活的原点出发，建立了"现象→数据→原理→情感"的德育教学新逻辑和新模式，将德育教育与数理化、文史哲及社会实践的知识点进行了有机融合，使学生们的学习过程转化为探索人生真理的过程，实现了"文"与"理"的交融，"学"与"习"的结合。全国青少年爱国主义读书教育活动组委会将丛书列为第22、23届全国青少年爱国主义读书教育活动辅助读物。2016年7月5日，入选"国家新闻出版广电总局2016年向全国青少年推荐百种优秀出版物"。

《文明基因·孝诚爱》丛书第三版，既总结了第一版、第二版的优点，又应广大读者的要求，在内容和形式上进行了新的创作。全书共分10册，分别适用于幼儿园小、中、大班和中小学1—7年级的学生。为使丛书更加严谨科学，我们多次组织有关专家对第一版、第二版的教学使用情况进行了跟踪调查、研讨论证，广泛听取各方意见，留下了深深的足迹。

从第一版到第三版，《文明基因·孝诚爱》丛书得到了许多领导、专家以及同志们的热情帮助和大力支持。山东省委常委、宣传部长孙守刚同志对本书的创作极为关心和支持。中共山东省委宣传部、山东省教育厅、山东省新闻出版广电局、山东出版集团、山东教育出版社等单位的有关领导和同志们为丛书的出版做了大量的工作。原莱州市教体局局长、莱州一中校长蔡润圃和莱州市教育局党委委员葛春森为丛书创作、实验做了大量组织协调工作。莱州市陈晶、栾桂晓、生晓玲、崔燕等初中教师，彭慧、徐建华、吴晓燕、原晓峰、韩芳、崔秀丽、张艳蕊、冯剑、王欣荣、孙爱岩、贾美英等小学教师，曲艳霞、王玉晓、李小艳、李海华、王雅君、贾绪康等幼儿园教师，参与了本书初稿部分内容的素材收集、分类整理工作。他们的敬业精神和专业水平令我感动。在此，向所有关心和支持丛书创作、出版和使用的领导、专家学者以及老师们表示深深的敬意和衷心的感谢！

本书创作意在适应中小学生的年龄和特点，探索德育教育理念、模式的创新，使传统美德教育情理交融，落细、落小、落实，推动中华传统美德在德育教育中的创造性转化和创新性发展。因本人境界和水平所限，书中存有诸多难尽如人意之处，敬请广大读者予以谅解和指正。愿本丛书能为广大青少年的健康成长带来帮助。

林建宁

2016年7月24日于泉城

图书在版编目（CIP）数据

文明基因·孝诚爱. 六年级 / 林建宁编著. —济南：
山东教育出版社，2016（2017重印）

ISBN 978-7-5328-9605-9

Ⅰ.①文… Ⅱ.①林… Ⅲ.①德育—小学—教材
Ⅳ.①G621.6

中国版本图书馆CIP数据核字（2016）第291354号

文明基因·孝 诚 爱（六年级）

林建宁 编著

主　　管：山东出版传媒股份有限公司

出 版 人：刘东杰

出版发行：山东教育出版社

　　　　　（济南市纬一路321号　邮编：250001）

电　　话：(0531) 82092664　传真：(0531) 82092625

网　　址：www.sjs.com.cn

发 行 者：山东教育出版社

印　　刷：山东新华印务有限责任公司

版　　次：2017年5月第1版第2次印刷

规　　格：200mm×260mm　16开本

印　　张：6.25印张

字　　数：84千字

书　　号：ISBN 978-7-5328-9605-9

定　　价：19.00元

（如印装质量有问题，请与印刷厂联系调换）

（电话：0531-82079112）